CRECE EN FAVOR DIVINO

PATRICIA KING

Crece en Favor Divino
© Patricia King Enterprises 2019

Grow in Divine Favor –
© Patricia King Enterprises 2018

Todos los derechos reservados. Ninguna parte de esta publicación puede ser reproducida, impresa, digitalmente, ni de cualquier otra manera, salvo porciones breves, sin el permiso por escrito de la autora. Se prohibe la reproducción sin autorización.

A menos que se indique de otra manera, el texto bíblico ha sido tomado de Versión Reina-Valera 1960 © Sociedades Bíblicas en América Latina, 1960. Renovado © Sociedades Bíblicas Unidas, 1988. Usado con permiso.

El texto bíblico indicado con "NVI" ha sido tomado de Santa Biblia, NUEVA VERSIÓN INTERNACIONAL® NVI® © 1999, 2015 por Biblica, Inc.®, Inc.® Usado con permiso de Biblica, Inc. Derechos reservados.

El texto bíblico indicado NTV ha sido tomado de La Santa Biblia, Nueva Traducción Viviente, © Tyndale House Foundation, 2010. Todos los derechos reservados.

Traducción: Carol Martínez

Publicado por:
Patricia King Enterprises

Distribuido por:
Patricia King Ministries
PO Box 1017, Maricopa, AZ 85139

PatriciaKing.com

Esta obra está disponible en Amazon.com

ISBN: 978-1-62166-528-1

CRECE EN FAVOR DIVINO

CONTENIDO

PRÓLOGO   5

CAPÍTULO UNO
EL FAVOR DEFINIDO   9

CAPÍTULO DOS
EL FAVOR DE DIOS Y EL PACTO   25

CAPÍTULO TRES
PRINCIPIOS PARA CRECER EN FAVOR
– PARTE 1   43

CAPÍTULO CUATRO
PRINCIPIOS PARA CRECER EN FAVOR
– PARTE 2   69

APÉNDICE – FAVOR   83

Prólogo

POR JOSHUA MILLS

El favor es uno de los mayores descubrimientos que puedes hacer en esta vida. Cuando descubres su poder y permites que obre en tu vida, algo dramático te sucederá. A través de la historia podemos ver que aquellos que tuvieron favor sobre su vida hicieron el mayor impacto en la sociedad y lograron grandes cosas. Algunos nacen con favor, mientras que otros aprenden a cómo adquirirlo y producir que aumente grandemente en su vida. Pero una cosa está garantizada ... ¡toda persona que busca cambiar al mundo necesita descubrir este poder por sí mismo!

En mi propia vida, el favor ha sido la llave que me ha abierto oportunidades innumerables para que yo viaje por todo el mundo, haciendo lo que más amo. Se me ha dado el privilegio de hablar acerca de los milagros con públicos pequeños y grandes en más de sesenta naciones, y con frecuencia me han preguntado, "¿Cómo recibiste todas estas invitaciones a tantos lugares?" Cada vez, mi respuesta es la misma: "Tiene que ser que tengo favor". El favor te llevará a donde nada más pueda.

Nada permanece igual una vez que el favor comience a obrar en y por medio de ti. La Santa Biblia menciona el favor más de 300 veces, y podemos leer historias acerca del favor evidente que obraba en la vida de quienes más lo necesitaban. El favor sacó a José del pozo y lo llevó al palacio (lee Génesis 39). David recibió favor y pudo traer sanidad a causa de ello (1 Samuel 16:22-23). La única manera en que los israelitas pudieron escapar de su esclavitud tortuosa en Egipto fue a causa de este favor que tuvo gran influencia.

En un instante, ¡el favor puede cambiar todo!

"Y el Señor hizo que los egipcios miraran con agrado a los israelitas, y dieron al pueblo de Israel todo lo que pidió. ¡Así despojaron a los egipcios de sus riquezas!" (Éxodo 12:36 NTV).

El favor abrirá puertas de acceso escondidas... permitirá que goces de prosperidad no merecida ... te conectará con tus promesas y te llevará a un lugar de abundancia.

El favor es sobrenatural. Hará cosas por ti que tú no puedes hacer por ti mismo. Búscalo, disciérnelo, y aprende a cooperar con él (lee Proverbios 3:1-4).

El favor es imparable. Es como un río poderoso que fluye con potencial ilimitado. Una vez que descubres esta fuerza incontenible, siempre tendrás más que suficiente (lee Job 10:12; Salmo 90:17).

El favor está a prueba de balas. No importa cuán fuerte parezca ser la resistencia, esta fuerza es invencible. Cuando el favor está de tu parte, te conviertes en una gran fuerza (lee Salmos 5:12; 23:4-6; 84:11)!

El favor es irresistible. Traerá a personas oportunidades, conexiones, milagros y finanzas a su regazo (lee Génesis 39:2-6; Esdras 7:6; Éxodo 33:17; Salmo 89:17).

El Favor es invencible. Contiene el poder para ganar en la vida. El favor es mejor que las riquezas – es la llave de oro que abre las puertas de bendición inmensurable para ti (lee Ester 5:2; Hechos 7:9-10).

Y el favor es tanto más...

Estoy tan agradecido de que mi buena amiga Patricia King haya escrito este libro tan importante acerca de cómo crecer en el favor divino. Descubrirás una joya cuando Patricia revele este poder para ti. Ella es una mujer muy calificada que conoce muy bien la dimensión de bendición no merecida y gracia inusual.

Personalmente he visto este favor divino sobre su vida, y creo que hay una transferencia sobrenatural para ti, dentro de las páginas de este libro, al devorar cada palabra.

Prepárate para recibir sabiduría y revelación sana. Prepárate para recibir percepciones prácticas que cambiarán tu vida para siempre – *¡prepárate a crecer en Favor Divino!*

—JOSHUA MILLS
Conferencista Internacional
Autor de *31 Days to a Miracle Mindset*
Palm Springs, CA/Vancouver, BC
www.JoshuaMills.com

Capítulo Uno

El Favor Definido

El Favor

CAUSARÁ QUE TU VIDA SEA PLACENTERA
Y EXTREMADAMENTE FRUCTÍFERA
PARA LA GLORIA DE DIOS.

¿Qué Es el Favor?

Persigue el favor apasionadamente! ¿Por qué? Porque el favor es extremadamente poderoso. El favor causará que tu vida sea placentera y extremadamente fructífera para la gloria de Dios. La bendición singular del favor inmerecido de Dios sobre tu vida te asegurará éxito en todo lo que haces.

Recuerdo una ocasión hace años cuando yo escuchaba a un conferencista motivacional. Observé a todos en el auditorio y me di cuenta de que la atención de cada persona allí (incluida yo) estaba totalmente cautivada por el hombre joven que estaba compartiendo el mensaje motivador. Él definitivamente no tenía apariencia de celebridad, ni estaba vestido con ropa que deslumbraba a su audiencia. Aunque su personalidad era encantadora, su mensaje era sencillo y contenía principios que eran comunes en sesiones de esta índole.

No había nada singularmente profundo acerca de sus percepciones, y las compartía de una manera no muy refinada, pero me di cuenta de que yo estaba colgada de cada palabra, a pesar de que yo había escuchado mensajes similares en muchas ocasiones anteriores, y probablemente los demás asistentes también.

Después de la reunión, me encontré entre la multitud comprando todos los materiales que él tuviera disponibles en su mesa del vestíbulo. Me llené de sus folletos, libros, mensajes en audio y manuales. Después de hacer mis compras, fui al baño de las mujeres y allí también escuché muchas alabanzas en cuanto al mensaje de este hombre joven.

¿Qué era lo que tenía este hombre que causaba que fuera tan preciado y exitoso? ¡Era obvio que estaba saturado de *favor!*

El favor es una fuerza – cuando está dentro de ti y sobre ti, ¡eres bendecido! El bien y las bendiciones son atraídas hacia ti como un imán cuando estás lleno de favor.

Cuando yo era cristiana recién convertida, hice solicitud para un empleo para el cual yo no estaba entrenada. Recién había leído un libro que enseñaba que el favor de Dios podía abrirte puertas y oportunidades. Yo lo creí.

Proclamé el favor de Dios sobre mí y que yo sería la que escogerían para el puesto. Más de 100 personas llenaron una solicitud para tal puesto, y muchos eran mucho más capacitados que yo – pero a mí me dieron el puesto. ¡FAVOR!

¿Qué evidencias puede haber del favor en tu propia vida. Las siguientes son algunos ejemplos.

Tienes favor cuando:

1. Te escogen para un empleo para el cual más de cien personas hicieron solicitud, aunque no tengas la educación, experiencia o aptitudes necesitadas.

2. Estás en una larga línea de espera en el supermercado y una cajera viene y te dice al oído, "Ven a esta otra caja", y la abre especialmente para ti.

3. Caminas por la calle y te das cuenta de que muchos te están sonriendo, deseándote un buen día mientras caminas.

4. Compartes el evangelio con un extraño en Starbucks y te invita a sentarte y tomar un café con él y sus amigos. Escuchan atentamente todo lo que estás diciendo y aceptan a Cristo.

5. Oras por una persona enferma con quien te encuentras en la parada de autobuses. Sana milagrosamente y recibe a Cristo, y luego otros al derredor piden que ores por ellos también.

6. Tus vecinos te visitan cada vez que hay oportunidad porque disfrutan tanto de tu compañía.

7. Tus familiares y amigos se quieren trasladar a tu vecindario solo para estar cerca de ti.

8. Ganas el sorteo en tu trabajo donde el premio es un auto nuevo.

9. Te reportas para tu vuelo y la persona encargada te dice, "Te voy a conseguir un asiento en primera clase".

10. Compras un traje nuevo y te enteras de que ese mismo día fue rebajado a un descuento del 70%.

11. El libro que recién publicaste tiene gran éxito.

12. Tu "inbox" está lleno de saludos de amigos en la Navidad, cumpleaños y ocasiones especiales.

13. Tienes tantos amigos en Facebook que muchos están en la lista de espera.

14. FedEx continuamente te entrega paquetes con regalos en tu casa y en el trabajo.

15. Te dan el premio del "mejor empleado" en tu trabajo.

16. Ganas muchas apelaciones y batallas.
17. Todos quieren estar en tu equipo.
18. Cuando muchos se están contagiando de gripe y virus en tu región, a ti nunca te dan.
19. Tus oraciones están siendo contestadas.
20. Tus cuentas bancarias tienen mucho más de lo que necesitas.
21. Tus cuentas pueden ser pagadas en su totalidad.
22. Tus deseos se están cumpliendo.
23. Las personas se ven motivadas a bendecirte con regalos.
24. Cuando necesitas ayuda en un proyecto, cuentas con más voluntarios de los que necesitas.
25. Tus hijos continuamente te dicen cuánto te aman y honran.
26. Tu esposo te honra en privado y en público, y siempre está pensando en maneras de agradarte.
27. Constantemente se te están abriendo puertas de oportunidad.

28. Tienes éxito en todo lo que emprendes – todo lo que haces produce buen fruto que permanece.

29. Cuando las personas se levantan en contra de ti en juicio, todo obra para tu bien en vez de que obre para tu destrucción.

30. Vives en constante abundancia e incremento.

31. El bien y la misericordia te siguen todos los días de tu vida, y las bendiciones vienen y te alcanzan.

32. Tienes la seguridad de que todo tu pecado es perdonado, tu culpa y vergüenza quitadas.

33. Estás consciente de que Dios te está sonriendo.

34. Sabes que Dios te celebra y no meramente te tolera.

35. En un viaje misionero, vas a una aldea donde nadie conoce al Señor, y todos se acercan contigo y aceptan a Cristo.

El Favor Definido[1]

1. SER APROBADO; QUE OTROS SE AGRADEN DE TI

Cuando el favor divino está obrando en tu vida, tienes aprobación en los ojos de los demás. Les agradas. Posiblemente no entiendas por qué y posiblemente ellos tampoco lo sepan. A veces no puedes explicar la razón por el favor que recibes —es un regalo. Esto es favor divino que se está activando en tu vida.

Como todas las demás personas sobre el planeta, yo he experimentado tanto el rechazo como el favor – me gusta más el favor – ¡mucho más! ¡Y a ti también! Es maravilloso sentir la aprobación de otros y saber que les caes bien.

El día que Dios creó a la humanidad, dijo, "Es MUY bueno". Le agradó lo que había hecho y lo aprobó. La expectación de recibir la aprobación está dentro de ti. Es la razón por la cual no manejas el rechazo muy bien. Fuiste creado para recibir el amor y la aceptación, y cuando las personas te aceptan, muestran que les agradas, y te manifiestan favor, se siente bien y satisfactorio.

---

[1] Tomado de YourDictionary.com y Merriam-Webster.com online dictionary. (Es traducción.)

Nunca podremos confiar en la aprobación de los hombres porque tienden a ser volubles, pero Dios te ama, le agradas, te aprueba y te favorece. Puede que tengas comportamiento que Él no apruebe, pero eres amado y favorecido a Su vista. El Dr. Brian Simmons en una ocasión hizo la siguiente pregunta durante un seminario, "¿Sabes qué es lo que Dios ama tanto de ti?" Todos esperamos la respuesta con mucha anticipación. Fue, "¡Todo!"

Recientemente estuve en un avión y la azafata continuamente me miraba y me sonreía. Cada vez que yo levantaba mi vista, veía que ella me estaba mirando. Cuando se daba cuenta de que yo la estaba viendo, volvía a sonreír. Me dio trato preferencial, y cuando ya estábamos como a la mitad del viaje, se acercó conmigo y me preguntó quién era yo y a qué me dedicaba. Le conté acerca de nuestro ministerio y tuvimos un tiempo maravilloso compartiendo durante el resto del vuelo. Al final, ella dijo, "Fue un placer conocerla – ¡usted me agrada mucho!"

Soy dueña de propiedades, incluyendo una sala de belleza dentro de nuestra comunidad. Es un salón pequeño con solo tres sillas, y está en el sector más antiguo de nuestro pueblo. En lo natural, no hay razón por la cual las personas debieran sentirse

EL FAVOR DEFINIDO   19

atraídas a él. Sin embargo, desde el momento que recibimos la visión para el negocio, inmediatamente proclamamos el favor de Dios sobre él. Tan pronto que abrimos el salón, comenzamos a escuchar comentarios favorables por parte de muchos. A la comunidad le encantaba nuestra pequeña estética, y por medio del favor divino, el negocio floreció.

Cuando el favor de Dios está presente, las personas aprobarán sobre ti y les agradarás. El favor de Dios descansa sobre todo lo que tiene que ver contigo – tu familia, tu hogar, tus negocios, tu iglesia, etc.

2. RECIBIR PRIVILEGIOS Y TRATO PREFERENCIAL

Cuando eres favorecido, se te dan privilegios y tratos preferenciales. José se vio favorecido en la casa de Potifar, y aunque fue comprado como esclavo, vivió como el administrador de la casa. Posteriormente, cuando lo echaron a la prisión (a causa de las mentiras de la esposa de Potifar), no lo trataron como un prisionero. El carcelero principal le dio trato especial y privilegios. José nuevamente recibió favor.

En una ocasión entré quietamente a una reunión solo para disfrutar de la adoración y escuchar el mensaje del conferencista. Me senté atrás porque el auditorio estaba lleno y esperé con anticipación para que empezara el servicio. Un ujier me reconoció y ofreció llevarme a tomar un asiento enfrente. Titubeé, pero él insistió, informándome que el encargado del ministerio le había dicho que me llevara enfrente para sentarme con él, su esposa, y el conferencista invitado. Después de la reunión me invitaron al salón VIP, para refrigerio y compañerismo. Me sentí muy honrada ante este acto de favor que me mostraron.

Ha habido ocasiones cuando el Señor me ha permitido el privilegio de compartir de Su amor con dignatarios. Siempre me asombra cuando este favor me es dado. En una ocasión nos invitaron a mi esposo y a mí al Desfile del Día del Gobernador con el Dr. Benson Idahosa en la Ciudad de Benin, Nigeria. Nos llevaron en una limosina al evento que tuvo más de cien mil participantes. Nos sentamos en el palco del gobernador, nos filmaron para el noticiero nacional en la televisión, y nos invitaron a profetizar sobre líderes después del desfile. Éramos desconocidos, pero a causa de nuestra asociación con el Dr. Benson Idahosa, recibimos favor no merecido.

3. Recibir Beneficios y Regalos

El favor de Dios te abre dimensiones en las que recibes beneficios y regalos. ¿Por qué les llevaron los reyes magos regalos a Jesús? ¿Por qué no regresaron con Herodes para darle el informe solicitado? Era porque favorecían a Jesús. Habían escuchado del nacimiento de Cristo y fueron para encontrarlo. Ante los ojos de los hombres Jesús todavía no había hecho nada para merecer los regalos extravagantes que los magos llevaban, siendo que apenas era un bebé. Los reyes magos no eran familiares de Él ni eran amigos personales de la familia, sin embargo, Jesús recibió favor por parte de los reyes magos.

Yo he sido profundamente tocada por este aspecto del favor de Dios. Frecuentemente viajo, sirviendo al Señor, y hay personas que llegan y me bendicen con un regalo personal. Estos actos de bondad tocan profundamente mi corazón, siendo que yo sé que la mayoría de ellos nunca antes me habían conocido. Mi corazón simplemente es ser una bendición a quienes sirvo, y no estoy esperando regalos ni recompensas, pero a veces quedo literalmente sobrecogida por estos actos tan amables. Una noche de regreso en mi habitación en el hotel, yo lloraba al leer las notas tan amables y alentadoras mientras abría los regalos. Dije, "Dios, yo para nada merezco todo esto". Pude sentir Su sonrisa y sus palabras, "Estás en lo correcto. Es favor no merecido. Es favor divino".

4. Recibir ventaja no justa

Cuando eres favorecido, tienes una ventaja que no te ganaste y que no mereces. Llevamos a un equipo a Tijuana, México, para plantar un centro de alcance en 1985. Teníamos muy poco dinero y tampoco habíamos conseguido alojamiento cuando partimos para allá. Cuando llegamos, nos enteramos de que había una espera de dieciocho meses hasta de dos años para conseguir casa de renta. Oramos y buscamos al Señor por tres días. La tercera tarde, algunos de nuestro equipo fueron a una lavandería automática para lavar su ropa. También llevaron sus guitarras. Mientras esperaban que las lavadoras terminaran sus ciclos, cantaban alabanzas, y se juntó un grupo grande para escuchar – incluyendo el dueño de la lavandería. Resultó que era cristiano y les preguntó qué estaban haciendo en Tijuana. Le compartieron nuestra visión y el hecho de que no teníamos un lugar donde vivir. Él dijo, "Pues también soy arrendador y resulta que tengo una casa grande de cuatro recámaras que está disponible ahora mismo". Nos explicó entonces que solo había un problema porque había otra familia en la lista de espera y que habían estado esperando dieciocho meses para que la casa estuviera disponible. Nos dijo que nos entregaba a nosotros la casa si la otra familia decidía no tomarla.

Regresamos y oramos, y al cabo de 24 horas recibimos una llamada informándonos que la familia que iba a tomar la casa de repente había sido bendecida con la oferta de otro empleo en otra ciudad. Cancelaron su nombre en la lista de espera y nosotros adquirimos la casa. Posteriormente muchos amigos mexicanos quedaron perplejos cuando les dijimos cuán pronto habíamos conseguido nuestro lugar. Fácilmente pudimos conseguir tres lugares más durante el año conforme crecía nuestro ministerio. El favor de Dios hacia nosotros nos dio la ventaja.

En una ocasión alguien me pidió que fuera socia con él un una inversión financiera. No había razón por la ventaja tan extravagante que me estaba ofreciendo. Cuando le pregunté por qué quería hacerlo, contestó, "Porque tienes tanto favor en tu vida, y si te haces socia conmigo, yo sé que el proyecto prosperará. El favor que Dios te ha dado nos dará ventaja en este mercado". Como resultado, fui bendecida con la oportunidad de ser socia en este negocio.

REVISEMOS LAS DEFINICIONES DEL FAVOR:

1. Ser aprobado; que otros se agraden de ti

2. Recibir privilegios y trato preferencial

3. Recibir beneficios y regalos
4. Recibir ventaja no justa

Toma un momento y sueña. ¿Cómo se vería tu vida si vivieras siempre dentro del cumplimiento de todas las definiciones del favor descritas aquí? ¿Es algo que quisieras? La verdad es que esto es exactamente lo que Dios planeó para ti cuando te creó. Nunca fue Su intención que la humanidad sufriera rechazo. Él te creó para que fueras favorecido y que disfrutaras los beneficios de tal favor.

Capítulo Dos

El Favor de Dios y el Pacto

Si amas a Jesús...

El favor de Dios está disponible para ti las 24/7.

Eres heredero de Su favor divino.

Favor para Toda la Vida

Tú puedes experimentar el favor cada día de tu vida. Las Escrituras declaran, "Su favor dura toda la vida" (Salmo 30:5). Eso significa que no se debilita con el tiempo y no falta un día y luego está presente otro. El favor que Dios te da es accesible cada día de tu vida.

El favor divino es Su regalo para ti, y es la forma del poder más poderosa y pura en el universo. No te lo puedes ganar, no lo puedes merecer – es un regalo que recibes cuando aceptas a Jesucristo como tu Señor y Salvador.

Es posible que las personas ganen el favor natural por parte de otros cuando tienen dones o talentos especiales, son exitosos en su carrera o en un proyecto, son financieramente prósperos, físicamente atractivos, o tienen una personalidad muy atrayente. Pero el favor inmerecido de Dios triunfa sobre todo. Si amas a Jesús, el favor de Dios está accesible para ti las 24/7. Eres heredero del favor divino.

Jesús creció en favor con Dios y los hombres (lee Lucas 2:52). Jesús es plenamente favorecido por parte del Padre por toda la eternidad y Él te ha dado a ti Su favor –¡gratis! Como Jesús, puedes crecer en favor con Dios y con los demás. Hace dos mil años, Jesús murió en la cruz para establecer un pacto eterno e inquebrantable entre Dios y el hombre. Dentro de este pacto está la promesa de favor inmerecido para todos los que creen. Examinemos este pacto.

El Pacto de la Bendición

Un pacto o convenio es un documento legalmente vinculante entre dos o más personas o partes. Vemos convenios hoy en día en los matrimonios, asociaciones empresariales, contratos, compras de inmuebles, etc.

La Biblia es un documento legal que delinea y describe el antiguo pacto (o convenio) y el nuevo pacto (o convenio) entre Dios y el hombre.

Los pactos (convenios) requieren:

1. Una clara descripción de las condiciones y los beneficios.

Si usamos un contrato empresarial como un ejemplo, es importante que cada parte conozca las condiciones del contrato así como los beneficios. Debido a que tan pronto que se firme un contrato es legalmente vinculante, es importante definir las condiciones con mucha claridad. Un pacto matrimonial es similar por el hecho de que es un acuerdo legalmente vinculante.

2. **Todas las partes involucradas tienen que estar de acuerdo con las condiciones y los beneficios**

   Todas las partes tiene que estar mutuamente de acuerdo con las condiciones y los beneficios.

3. **Firmar el convenio**

   Los convenios tienen que tener las firmas de todas las partes involucradas así como de los testigos.

4. **Guardar las condiciones del convenio**

   A fin de que un convenio siga vigente, es necesario seguir cumpliendo con las condiciones. En un pacto matrimonial, por ejemplo, prometemos serle fiel a nuestro cónyuge. Si una de las partes es infiel, entonces el pacto se ha roto y es una razón legal para justificar el divorcio (o terminar el convenio).

Dios deseaba tener una relación con el hombre, pero el hombre pecó y quebrantó la unión perfecta que compartió originalmente con Dios. Como resultado, era imposible para el hombre reconciliarse con Dios en base a su propio mérito o por medio de sus propios esfuerzos. Con el pecado ahora en su sistema y ADN, él no podía estar en unión con un Dios santo sino que de hecho estaba separado de Él. Dios determinó, planeó e implementó una restauración gloriosa de la relación por medio del establecimiento de un pacto eterno e inquebrantable de bendición.

- El pacto fue entre Dios y el hombre.

- Dios establecería las condiciones y los beneficios.

- Dios y el hombre estarían de acuerdo con las condiciones y los beneficios.

- El pacto se firmaría/sellaría con sangre.

- Dios y el hombre guardarían las condiciones por toda la eternidad.

A causa del hecho de que el hombre no era capaz de guardar las condiciones, Dios se hizo hombre. Jesús era totalmente Dios y también era totalmente hombre porque se hizo Hombre. Como Dios y como Hombre,

Jesús hizo un pacto con Él mismo que nunca podría ser quebrantado. Él, como Dios y Hombre, tomó toda la responsabilidad de cumplir todas las condiciones del pacto para siempre y también dar libremente todos los beneficios a quienes lo recibieran a Él.

El pacto se firmó en sangre por medio de Su muerte en la cruz delante de testigos. La Biblia dice que hay tres testigos, el Espíritu, el agua (la Palabra) y la sangre (el pacto) (1 Juan 5:7-8).

Los Beneficios del Pacto:

Examinemos más este pacto tan glorioso:

1. **Cristo cumpliría todas las condiciones del pacto para toda la humanidad.**

   Cristo cumplió todas las condiciones del pacto por ti. Él hizo lo que nunca podrías hacer por tu propia cuenta.

2. **Vendrían bendiciones sobre los que entraban al nuevo pacto, y los alcanzarían (Deuteronomio 28:1-2).**

   La definición de bendición es "**invocar el favor sobre alguien y empoderarlo para prosperar**". Cuando aceptas a Cristo en tu corazón como tu

Señor y Salvador, entras a un nuevo pacto – un pacto de bendición. No puedes ganar por tu propia cuenta ninguna bendición. Son un regalo para ti al ser partícipe del nuevo pacto.

3. **TODA MALDICIÓN QUE LLEGÓ COMO CONSECUENCIA DEL PECADO, DE LA MUERTE Y LA LEY, ES ANIQUILADA.**

   Cuando estás en un pacto con Dios, has sido redimido de la maldición que vino como resultado del pecado, la muerte y la Ley. Dios se hizo maldición por ti, y a cambio Él te dio todas las bendiciones (lee Gálatas 3:13-14).

4. **TODA PROMESA EN LA PALABRA LES PERTENECE A LOS QUE ESTÁN EN EL PACTO (EFESIOS 1:3; 2 PEDRO 1:2-4).**

   Con la eliminación de todas las maldiciones, las bendiciones permanecen para ti en toda su plenitud. Cuando recibes todas las promesas de las bendiciones de Dios para ti, participas de su divina naturaleza.

5. **LOS QUE ESTÁN EN ESTA RELACIÓN DE PACTO CON DIOS POR MEDIO DE CRISTO SON JUSTOS DELANTE DE DIOS (2 CORINTIOS 5:21).**

   Eres totalmente justo ante Dios por medio de Jesucristo. Eres favorecido a la vista de Dios porque recibiste a Su Hijo.

La parte de Cristo:

- Cumplir y guardar todas las condiciones del pacto por toda la eternidad.
- Dar libremente todos los beneficios a todos los que creen.

Nuestra parte:

- Creer en Jesucristo como nuestro Salvador y Señor.
- Recibir a Jesucristo en nuestra vida como nuestro Salvador y Señor.
- Vivir dentro de las bendiciones del pacto por fe.

Porque por gracia sois salvos por medio de la fe; y esto no de vosotros, pues es don de Dios; no por obras, para que nadie se gloríe.– **Efesios 2:8-9**

La Gracia y el Favor son Gemelos

Cuando lees las Escrituras acerca de la gracia, con frecuencia puedes sustituirla con la palabra **favor**. Gracia significa "**favor** no merecido y la influencia divina de Dios sobre el corazón".

Los versículos que contienen la palabra gracia frecuentemente pueden intercambiarse para que signifiquen el **favor** de Dios sobre ti.

Escrituras sobre la Gracia y el Favor

Éxodo 12:36

Y Jehová dio gracia al pueblo delante de los egipcios, y les dieron cuanto pedían; así despojaron a los egipcios.

2 Samuel 15:25

Si cuento con el favor del Señor, él hará que yo... [vea] el lugar donde él reside. (NVI)

Salmo 30:5

Su favor dura toda la vida.

Salmo 30:7

Porque tú, Jehová, con tu favor me afirmaste como monte fuerte. [Nota: tu "monte" puede referirse a tu montaña de influencia.]

Salmo 84:11

Gracia y gloria dará Jehová. No quitará el bien a los que andan en integridad.

Salmo 90:17

Que el favor del Señor nuestro Dios esté sobre nosotros. Confirma en nosotros la obra de nuestras manos; sí, confirma la obra de nuestras manos. (NVI)

Proverbios 8:35

En verdad, quien me (la sabiduría) encuentra halla la vida y recibe el favor del Señor. (NVI)

Proverbios 16:15

El rostro radiante del rey es signo de vida; su favor es como lluvia en primavera. (NVI)

Lucas 4:19

Y... ha llegado el tiempo del favor del Señor. (NTV)

Hechos 15:11

Antes creemos que por la gracia (favor especial) del Señor Jesús seremos salvos, de igual modo que ellos.

Hechos 20:32

Os encomiendo a Dios, y a la palabra de su gracia, que tiene poder para sobreedificaros y daros herencia con todos los santificados.

Romanos 5:2

Mediante la fe, tenemos acceso a esta gracia en la cual nos mantenemos firmes. (NVI)

Romanos 6:14

Así el pecado no tendrá dominio sobre ustedes, porque ya no están bajo la ley, sino bajo la gracia. (NVI)

2 Corintios 9:8

Y Dios puede hacer que toda gracia abunde para ustedes, de manera que siempre, en toda circunstancia, tengan todo lo necesario, y toda buena obra abunde en ustedes.

2 Corintios 12:9

Mi gracia es todo lo que necesitas. (NTV)

2 Timoteo 1:9

Pues Dios nos salvó y nos llamó para vivir una vida santa. No lo hizo porque lo meceriéramos, sino porque ese era su plan desde antes del comienzo del tiempo, para mostrarnos su gracia por medio de Cristo Jesús.

Tito 2:11; 3:7

Porque la gracia de Dios se ha manifestado para salvación a todos los hombres ... para que justificados por su gracia, viniésemos a ser herederos conforme a la esperanza de la vida eterna.

Hebreos 4:16

Acerquémonos, pues, confiadamente al trono de la gracia, para alcanzar misericordia y hallar gracia para el oportuno socorro.

Hebreos 13:9

Su fortaleza espiritual proviene de la gracia de Dios. (NTV)

1 Pedro 1:2

Que Dios les conceda cada vez más gracia y paz.

Enseñanzas del Favor de Dios Tomadas de la Vida de Abraham

Lo primero que Dios habló sobre el hombre fue una bendición: "Dios los bendijo" (Génesis 1:28). Recuerda que *bendición* significa "invocar el favor sobre alguien y empoderarlo para prosperar". Cuando lees la palabra *bendición* en la Biblia, puedes recordar eso. Dios siempre ha sido un Dios de bendición. Fuiste creado para bendición: ¡para ser favorecido y empoderado para prosperar!

Cuando Dios se presentó a Abraham, declaró: "Y haré de ti una nación grande, y te bendeciré, y engrandeceré tu nombre, y serás bendición. Bendeciré a los que te bendijeren, y a los que te maldijeren maldeciré; y serán benditas en ti todas las familias de la tierra" (Génesis 12:2-3).

Abraham creía que mientras seguía a Dios, Él lo favorecería y que lo empoderaría a prosperar, y esto le fue contado como justicia. Junto con Sara, Abraham salió de la tierra de los caldeos con la expectativa de ser favorecido, bendecido y prosperado por el Dios que le había prometido todas estas cosas.

Durante todos los días de la vida de Abraham él fue altamente favorecido y bendecido —aun de sus errores se encargó Dios. Él fue bendecido con una maravillosa relación con Dios, visitaciones angelicales, un matrimonio excelente, hijos, tierras, rebaños, ganado, oro, plata, siervos y hasta su propio ejército.

Abraham fue altamente favorecido toda su vida porque él creía en el pacto de bendición que Dios había establecido con él (lee Génesis 15).

Abraham esperaba que el favor se manifestara – ¡Dios lo había prometido! Abraham creyó todo lo que Dios le había prometido y recibió la bendición. Nunca dudó. Esto es tan sencillo.

En Gálatas 3:13-14, leemos:

> Cristo nos redimió de la maldición de la ley, hecho por nosotros maldición (porque está escrito: Maldito todo el que es colgado en un madero, para que en Cristo Jesús la bendición de Abraham alcanzase a los gentiles, a fin de que por la fe recibiésemos la promesa del Espíritu.

El pacto de Abraham era para todos sus descendientes. Isaac entendía esto y vivió en la bendición. Jacob lo entendía y vivió en la bendición. Todos vivieron en favor a causa del pacto que Dios había hecho con Abraham. Esta bendición es para toda persona que creyera.

Lamentablemente, después de que falleciera José, los hijos de Israel se olvidaron del pacto, permitiendo que fueran oprimidos. Se olvidaron de quiénes eran. Eran altamente bendecidos y favorecidos por Dios pero no lo recordaron ni lo creyeron.

Cuando Dios escuchó sus gemidos, les envió un libertador. Él estaba siendo fiel a Su pacto con Abraham y estaba bendiciendo a los descendientes.

Tristemente, vemos que en el desierto los hijos de Israel dudaron de la bondad de Dios. Aunque tenían un pacto activo de bendición por medio de Abraham, y aunque Dios les había bendecido con Su gran promesa de que llegarían seguros a su propia tierra, dudaron de Él. Como resultado, nunca entraron a su bendición.

Como Abraham, Isaac, Jacob, y José, pudieron haber vivido bajo el favor y la bendición extravagante e inmerecida, pero no creyeron que Dios era bueno y que Él tenía el propósito de bendecirlos todos sus días de acuerdo con Su pacto.

Tú tienes un pacto eterno e inquebrantable por medio de Cristo. ¡Todas las bendiciones son tuyas! Su favor es tuyo. Este glorioso pacto de gracia es favor divino.

Capítulo Tres

Principios para Crecer en Favor

PARTE UNO

LA VERDAD ES QUE...
ERES FAVORECIDO, AMADO Y BENDECIDO

EN CRISTO MÁS ALLÁ DE LA MEDIDA.

Principio Uno:
La Importancia de la Fe

En el capítulo previo, vimos la diferencia en los resultados entre Abraham quien creía en la bondad, la bendición y el favor de Dios, y los israelitas, al vivir ellos en el desierto con corazones endurecidos de incredulidad.

La vida de Abraham fue bendecida y favorecida todos sus días cuando siguió a Dios y salió de la tierra de los caldeos, pero la generación de los hebreos que salieron de Egipto para seguir a Dios a la Tierra Prometida vivió con desaliento, temor y negativismo. Aunque tenían bendición en todo su derredor, no la podían ver, y rehusaron creer.

Abraham tuvo fe pero los israelitas no. A Abraham se le prometió bendición si seguía a Dios, y a los israelitas se les dio la misma promesa – el mismo pacto. Abraham vivió dentro de la manifestación completa de la bendición del pacto y los israelitas no. La fe hizo la diferencia.

Es pues la fe la sustancia de las cosas que se esperan, la demostración de las cosas que no se ven. – **Hebreos 11:1 (RVA)**

Las Escrituras dicen que la fe es la sustancia de la esperanza. La esperanza es una expectación gozosa. Es bueno tener esperanza, pero la fe es lo que asegura las promesas. La fe es cuando lo que crees llega a ser una realidad interna. Por ejemplo, yo tengo fe en que Jesús es Señor, y que me ha dado vida eterna. Esto no es algo que meramente estoy esperando gozosamente; es una realidad interna. La esperanza mira al futuro, pero la fe recibe el futuro en el "ahora".

Hebreos 11:1 también enseña que la fe es la evidencia de lo que no puedes ver. Yo no puedo ver a Jesús viviendo dentro de mí con mis ojos naturales. No puedo ver la vida eterna, pero lo creo. Mi fe es la evidencia.

El día después de que nací de nuevo, compartí el evangelio lo mejor que pude con algunos amigos míos que estaban muy involucrados en la Nueva Era. Fueron duros conmigo y les era difícil entender que yo creía lo que ellos percibían como "tonterías". "¿Cómo puedes creer eso?" me preguntaron. Les respondí diciendo, "La Biblia lo dice". Se rieron y en su ignorancia intentaron desafiarme, diciendo, "El hombre escribió la Biblia – cualquiera puede inventar una historia". Yo era bebé recién nacida en Cristo y no tenía el entrenamiento para responder, pero contesté con convicción, "Simplemente Lo SÉ". Mi fe era la evidencia para mí. Yo tenía plena certidumbre interior de que mi búsqueda por las respuestas a la vida había terminado. Jesús era todo lo que yo necesitaba. Él era la conclusión de mi búsqueda. ¡YO LO SABÍA! Mi fe era la evidencia. Esa es la diferencia entre la fe y la esperanza. La esperanza es la expectativa gozosa, pero cuando estás en fe, SABES que lo que crees es verdad dentro de lo más interior de tu ser. ¡Ya lo tienes! ¡Lo posees! Es tu realidad interna y está basada en la verdad de la Palabra de Dios.

La Verdad versus los Hechos

Dos dimensiones que nos rodean son la dimensión del tiempo y la dimensión eterna. Los datos pertenecen a la dimensión del tiempo y la verdad es de la dimensión eterna. Tu fe es el conector que trae la verdad de la dimensión eterna a la dimensión del tiempo.

La verdad está basada en las promesas de la Palabra de Dios.

Efesios 1:3 dice, "Bendito sea el Dios y Padre de nuestro Señor Jesucristo, que nos bendijo con toda bendición espiritual en los lugares celestiales en Cristo".

Segunda de Pedro 1:2-4 dice, "Gracia y paz os sean multiplicadas, en el conocimiento de Dios y de nuestro Señor Jesús. Como todas las cosas que pertenecen a la vida y a la piedad nos han sido dadas por su divino poder, mediante el conocimiento de aquel que nos llamó por su gloria y excelencia, por medio de las cuales nos ha dado preciosas y grandísimas promesas, para que por ellas llegaseis a ser participantes de la naturaleza divina, habiendo huido de la corrupción que hay en el mundo a causa de la concupiscencia".

La Biblia lo dice muy claro; se nos ha dado toda promesa y bendición en Dios. Estas nos fueron dadas (tiempo pretérito) hace dos mil años cuando Jesús selló el pacto entre Dios y el hombre con Su propia sangre. ¡Asombroso!

El hecho (una realidad situacional dentro de la dimensión del tiempo) puede ser que sufres rechazo, pero la verdad (la realidad eterna) es que eres favorecido, amado, y bendecido en Cristo más allá de la medida.

Es sabio reconocer la existencia de un hecho, pero no responder a él como si fuera verdad. Reconocer un hecho ayudará a revelar la promesa que se necesita para vencer un problema o para crecer e incrementar en bendición en cualquier situación dada.

Por ejemplo, Jonatán, un empresario joven, sometió su producto nuevo a tres corporaciones, totalmente seguro de que ellos estarían interesados en llegar a ser clientes de peso. Uno de ellos rechazó tener una entrevista con él y los otros dos rechazaron su producto. El hecho era que sus intentos fracasaron y fueron rechazados. Jonatán entendía que hechos son los hechos, y él había escogido creer la verdad. Él sabía que la Biblia decía que Cristo lo hacía siempre triunfante en todas las cosas, que todas las cosas a las que él pusiera su mano prosperarían, y que él estaba creciendo en favor con Dios y el hombre.

El pasó tiempo orando y recibió sabiduría por parte de Dios en cuanto a cómo proceder, y recibió también algunas promesas de la Palabra que aseguraban su éxito. Procedió a recibir algunas críticas muy constructivas de su producto que le ayudaron a perfeccionarlo, y también recibió consejo en cuanto a cómo mejorar su presentación. Durante todo este proceso, también insistentemente buscó el favor que le era prometido en las Escrituras.

Jonatán procedió en fe, creyendo que era bendecido, lleno de favor, y empoderado para tener éxito. Se afirmó en las promesas de la Palabra. Durante los próximos meses, mientras se enfocaba en su meta, buscó a tres clientes más, y también les pidió a los tres que habían rechazado anteriormente que le dieran otra oportunidad para presentar su producto. De las seis propuestas, cuatro entraron en compromiso con él y los otros dos dijeron que posiblemente estarían interesados más adelante.

Jonatán CREYÓ que tendría éxito. Él tenía la esperanza (expectativa gozosa) y fe activa de que el favor y la bendición de Dios lo acompañarían y le otorgarían grandes resultados. Y los resultados lo comprobaron.

Hebreos 11:6
Pero sin fe es imposible agradar a Dios; porque es necesario que el que se acerca a Dios crea que le hay, y que es galardonador de los que le buscan.

Marcos 9:23
Si puedes creer, al que cree todo le es posible.

Santiago 1:8
El hombre de doble ánimo es inconstante en todos sus caminos.

Marcos 11:24
Por tanto, os digo que todo lo que pidiereis orando, creed que lo recibiréis, y os vendrá.

Romanos 1:17
Mas el justo por la fe vivirá.

1 Timoteo 6:12
Pelea la buena batalla de la fe. [Nota: pelea contra el rechazo, el autodesprecio, etc.)

1 Juan 5:4
Esta es la victoria que ha vencido al mundo, nuestra fe.

Creencias Fundamentales

¿Qué es lo que crees en lo más interior de tu ser?

En el mundo de la salud y el bienestar físico, los instructores animan a los que entrenan a desarrollar los músculos fundamentales que estabilizan todo el cuerpo.

Es igualmente importante tener un fundamento fuerte dentro de tu alma por medio de edificar y mantener valores y creencias fundamentales sanas. Todo en tu vida fluye de tus creencias establecidas en tu interior.

La Biblia nos enseña la verdad y es lo que hemos de creer. Jesús dijo, "SOLO CREE" (Marcos 4:36).

1 Juan 5:7-8

Porque tres son los que dan testimonio en el cielo: el Padre, el Verbo y el Espíritu Santo; y estos tres son uno. Y tres son los que dan testimonio en la tierra: el Espíritu, el agua y la sangre; y estos tres concuerdan.

Estos tres dan testimonio de la verdad – no darán testimonio de una mentira.

Aprende a identificar las mentiras que impiden el paso al favor y reemplázalas con la verdad. Cada vez que sientas que la verdad es desafiada, mantente firme. Eventualmente recurrirás naturalmente a la verdad.

Eres favorecido por Dios y bendecido más allá de la medida. ¿Crees esto cuando las circunstancias parecen contradecir la promesa de la Palabra de Dios? Sigue meditando en las promesas concernientes al favor; elige creerlas en medio de las crisis, hasta que lleguen a ser parte de la esencia de tus creencias fundamentales.

Todas tus creencias fundamentales han de estar basadas en lo que Dios dice acerca de ti y no lo que las circunstancias o las mentiras del enemigo intentan dictar.

Cuando estableces creencias fundamentales en cuanto al favor de Dios en tu vida, entonces el favor atraerá más favor. Llega a ser una dimensión y atmósfera alrededor de ti.

Las personas que creen que son rechazadas tienen una dimensión de rechazo que les rodea y atrae más rechazo. Sus creencias fundamentales crean esa atmósfera. Nuevamente, puedes crear la dimensión del favor por medio de establecer las promesas de Dios concernientes a Su favor dentro de tu corazón.

Tu elección:

- Cree la verdad y serás bendecido y altamente favorecido.
- Cree la mentira y no verás el cumplimiento de la promesa y sufrirás las consecuencias de lo que crees.

Medita en el favor de Dios hasta que lo creas.

Entrenamiento de Resistencia

En el campo de los deportes, los atletas adquieren más fuerza por medio de la resistencia. Es lo mismo en la dimensión espiritual. En el momento que escoges afirmarte en la promesa de Dios en cuanto al favor hacia ti, posiblemente te encuentres con circunstancias que causan que dudes. Cuando derribes la duda y te aferres a la promesa, serás fortalecido en tus creencias fundamentales.

Eventualmente sacarás de tu alma todo lo que sea contrario a la verdad. Serás inconmovible en tu creencia sobre el favor de Dios. Establece activamente tus creencias fundamentales y resiste toda creencia o circunstancia que sean contrarias a las promesas de Dios. ¡Eres favorecido! ¡El favor dura para toda la vida! ¡Ese favor es un regalo! ¡Es tuyo! ¡Solo cree!

Principio Dos:

El Poder de las Palabras

Santiago 3:2 (NVI) nos enseña que si no fallamos en lo que decimos, somos hombre perfecto y capaz de controlar todo el cuerpo. En el versículo 6 dice que el curso de toda nuestra vida se ve afectada por lo que decimos. Nuestras palabras traen muerte o vida; bendición o maldición (lee Santiago 3:10).

Muchos han puesto su propia vida bajo las maldiciones de rechazo y fracaso en vez de que con favor y éxito, simplemente por hablar maldiciones sobre su propia vida. He escuchado a las personas decir, "Siempre quedo fuera", o "Constantemente me rechazan". Entre más haces declaraciones que son contrarias a la verdad de Palabra de Dios, más te estás propiciando una maldición. Las palabras que hablas, o te maldicen o bendicen, así que cuida mucho las palabras que proceden de tu boca.

Jesús describió el poder de Sus palabras a Sus discípulos en Juan 6:62 cuando dijo, "Las palabras que os he hablado son espíritu y vida". Como Jesús, habla palabras que crearán vida y bendición.

Yo intencionalmente hago decretos del favor de Dios sobre mi vida. Un "decreto de Dios" es una proclamación que conlleva la autoridad de nuestro Rey. Job 22:28 nos dice que si decretamos algo será establecido.

Esther 8:8 dice que un decreto hecho en el nombre de un rey no puede ser revocado.

En el Antiguo Testamento, Dios les mandó a los sacerdotes que hablaran palabras de bendición y favor sobre los hijos de Israel. La bendición Aarónica sigue siendo un decreto perpetuo que también puede ser proclamado por el sacerdocio de Dios del Nuevo Testamento. Puedes proclamarlo sobre tu propia vida:

Números 6:22-27

El Señor habló con Moisés, y le dijo: "Habla con Aarón y sus hijos, y diles que de esta manera bendecirán a los hijos de Israel. Les dirán:

¡Que el Señor te bendiga, y te cuide!

¡Que el Señor haga resplandecer su rostro sobre ti, y tenga de ti misericordia!

¡Que el Señor alce su rostro sobre ti, y ponga en ti paz!

De esta manera invocarán ellos mi nombre sobre los hijos de Israel, y yo los bendeciré".

Lo que Dios estaba diciendo, era que si se hacía este decreto sobre los hijos de Israel, entonces Él los bendeciría. Su bendición se manifestaba por medio del poder de las palabras declaradas.

Tus palabras tienen poder. ¿Te has estado bendiciendo? ¿O...?

A veces ayuda identificar y hacer una lista de las palabras negativas que tú u otros han hablado sobre ti, que han impedido que crezcas en el favor de Dios.

Al identificar las palabras que han servicio como maldiciones, no te abrumes. Dios está a punto de liberarte.

Isaías 54:17
Ninguna arma forjada contra ti prosperará, y condenarás toda lengua que se levante contra ti en juicio. Esta es la herencia de los siervos de Jehová.

Perdónate a ti mismo y a los que te han maldecido con palabras negativas. Bendice a quienes te han maldecido y luego ordena que toda palabra negativa sea rendida inefectiva y sin poder alguno.

Ahora reemplaza con palabras de bendición. Crea decretos que bendicen tu vida con favor, y decláralos en voz alta.

Principio Tres:

Desarrolla el Carácter y la Naturaleza de Dios en tu Vida

Todo aspecto de la naturaleza de Dios atrae el favor. Por ejemplo, uno de los aspectos de Su naturaleza es Su bondad. Las personas que son bondadosas son favorecidas. La generosidad es otro aspecto de Su naturaleza. Las personas generosas son favorecidas. Cada vez que manifiestas Su naturaleza, atraes favor.

Por otra parte, las características que son contrarias a Su naturaleza atraen el rechazo. Si estás siendo rechazado, examínate para ver si estás manifestando características que son contrarias a la naturaleza de Dios. Por ejemplo, Dios es paciente. Las personas que constantemente son impacientes por lo general no son favorecidas y con frecuencia otros las juzgan duramente. Dios es lento para la ira. Los que fácilmente se enojan por lo general no son favorecidos. Muchos les tienen miedo a tales personas y sienten que tienen que caminar de puntillas cuando están cerca de ellos.

¡Donde hay humo hay fuego!

He conocido a muchas personas que son maravillosas pero parecen estar enfrentando áreas de rechazo y resistencia constantemente. Cuando esto te sucede, con humildad pregunta a las personas que te están rechazando o resistiendo si están dispuestas a compartirte esas cosas en ti que parecen crear esta respuesta.

Cuando las personas sí te dicen, asegúrate de no ponerte a la defensiva. Si varias personas te están diciendo lo mismo, entonces posiblemente tengas que auto-examinarte y hacer algunos cambios. Para nada te va a servir el seguir en lo mismo que está creando tales reacciones. Eso solo te dará más de lo mismo. Cuando es un patrón, necesitas aprender de él y hacer ajustes.

Cultiva una vida llena de los atributos de Dios. Esos atributos viven dentro de tu naturaleza que ha nacido de nuevo, y por fe los puedes desatar para que llenen tu alma y se manifiesten en tu vida.

Ayuda el hacer una lista de los atributos divinos que ya posees y tomar nota del favor que acompaña cada uno de esos atributos en particular. Invita al Señor a ayudarte a expandir y crecer en los nuevos atributos que posiblemente todavía no se han desarrollado.

De la misma manera, pídele al Espíritu Santo que te revele atributos o comportamientos contrarios a la naturaleza de Dios que atraen la resistencia y el rechazo en tu vida. Una vez que los hayas identificado, pídele al Señor que te perdone. Juan 1:9 dice que cuando confiesas tu pecado, Él es fiel y justo para perdonarte y limpiarte de toda maldad. Luego procede a pedir la gracia del Señor para que puedas reemplazar lo impío con los atributos divinos.

> **Principio Cuatro**
>
> **Desarrolla tus dones, talentos y habilidades**

Dios nos ha dado a todos dones y motivaciones especiales. Estos dones, al desarrollarse, atraen el favor y abren puertas para ti (lee Proverbios 18:16).

Tengo un amigo muy talentoso que es músico, compositor y líder de alabanza. Él recibe mucho favor a causa de su don, y recibe muchas invitaciones para ministrar. Otras amistades son dotadas en cuanto a lo profético, el humor, en los deportes y el arte, en cuanto a discernimiento empresarial, y para hablar públicamente. Todos son altamente favorecidos a causa de los dones que han desarrollado.

Eres único y puedes desarrollar dones, talentos y habilidades. Estos dones, talentos y habilidades que has desarrollado abrirán puertas de favor para ti.

Posiblemente quieras tomar tiempo para hacer una lista de tus dones, talentos y habilidades, celebrando al Señor por cada uno al darle gracias a Dios por ellos. Invita al favor de Dios para que los llene aún más mientras buscas maneras de desarrollarlos mayormente.

Principio Cinco:

Tu apariencia exterior importa

Las primeras impresiones son extremadamente importantes. Dios no mira la apariencia exterior pero mira al corazón (lee 1 Samuel 16:7). Sin embargo, la mayoría de las personas evalúan a los demás en base a las primeras impresiones de su apariencia exterior y su presentación. Una vez que esa impresión se haya establecido en la mente, es difícil cambiarla.

Tu apariencia exterior y tu presentación son lo primero en lo cual las personas se fijan antes de conocer "el verdadero tú". Si alguien al principio rechaza la apariencia exterior, posiblemente nunca lleguen a conocer tu persona interior. Si favorecen tu apariencia exterior en el momento de las primeras impresiones, probablemente querrán llegar a conocerte mejor.

Recuerda: Jesús creció en favor con Dios y con los hombres. No hemos de buscar "agradar al hombre" en el sentido de transigir nuestros principios morales, creencias, convicciones, o valores a fin de ganar el favor de ellos. ¡Absolutamente no!

Siempre debes tu lealtad primero a Dios y a ti mismo en lo más interior de tu ser. Sin embargo, es importante entender las dinámicas de la apariencia exterior y cómo se relaciona con el favor divino.

El desarrollo de la belleza exterior e interior es importante. El favor o falta de favor a los ojos de los hombres por lo general queda establecido en la primera reunión. Eso significa que es muy importante.

Imagina a cuatro personas formadas delante de ti y tienes que escoger a la persona que favoreces más. Posiblemente nunca antes los hayas conocido y no tienes su currículo o biografía que describen sus dones, talentos y habilidades. No han hablado contigo, así que no conoces sus perspectivas en cuanto a la vida, sus principios o valores. Tienes que escoger la persona hacia quien sientes más favor basado solo en su apariencia.

Las descripciones de cuatro personas:

(Cuatro mujeres en sus 50)

Persona #1 – Desarreglada

Ropa arrugada

Zapatos dañados

Cejas sin forma

Dientes – con manchas de café y con necesidad de cuidado dental

Cabello –sin forma y sin brillo

Rostro, piel y labios – pálidos y sin lustre, sin color sano natural

Ojos – mirando el suelo

Semblante triste, parece estar insegura

Con sobrepeso

Persona #2 – Vestida a la antigua; sin estilo

El pelo apretado con un chongo

Zapatos de estilo antiguo

Calcetas

Piernas sin rasurar

Falda negra larga a media pierna

Blusa de cuello de tortuga

Suéter pesado

Peso normal

Su piel se ve sana – (sin maquillaje)

Sus labios naturalmente rosa – (sin maquillaje)

Sus dientes están bien cuidados – solo un poco amarillentos por la edad.

Semblante muy serio

Persona #3 – Presencia exagerada

Bronceado artificial exagerado

Peinado ostentoso –el color obviamente oxigenado

Maquillaje excesivo y de mal gusto

Pestañas falsas saturadas de rimel

Labiz labial muy brillante con sus labios delineados mucho más allá de la forma natural

Joyería exagerada

Medias de red con tacones de cinco pulgadas

Sonrisa exagerada – como si estuviera posando

Los movimientos de su cuerpo y su semblante parecen gritar ... "¡Mírame! Escógeme a mí!"

Su ropa sí está limpia y en buen estado

Dientes blancos –posiblemente demasiado blancos

Un poco de sobrepeso pero no obesa

Persona #4 – Bien alineada

Complexión natural con maquillaje bien aplicado y no excesivo

Ojos maquillados de manera sutil y atractiva

Ropa de moda pero no exagerada

Zapatos de moda y femeninos

Corte y peinado bien hecho que hace lucir bien su cara

Joyería solo para acentuar su ropa

Los dientes son blancos y bien cuidados

Su semblante se ve brillante, lleno de optimismo

Está parada con firmeza, con una apariencia que viene de una confianza interior

Basado únicamente en su apariencia exterior, ¿quién es la persona que más probablemente escogerías y por qué?

__ Persona #1 __ Persona #2 __ Persona #3 __ Persona #4

_____
_____
_____
_____

Si dos personas llenan una solicitud para el mismo trabajo con calificaciones y experiencia idénticas, la apariencia exterior y la manera en que se conducen hacia a las personas probablemente será el punto decisivo en cuanto a quién obtiene el puesto.

¡Toda persona es bella! Dios dice que fuiste hecha de manera formidable y maravillosa (Salmo 139:14). ¡Resalta lo bello en ti! Cultiva la belleza en tu corazón antes que cualquier otra cosa, pero la apariencia exterior en verdad importa también.

A mí me encanta ayudar a las mujeres que desean encontrar su compañero – ¡en verdad me encanta! Les hago saber que su apariencia externa importa. Es la primera impresión de un hombre. Él tiene que enamorarse del corazón, pero si no puede ver el corazón porque lo de fuera está todo desordenado, probablemente tendrá problemas para conectar.

Cuando te favoreces a ti mismo desde adentro, pasarás más tiempo en tu apariencia exterior (incluyendo aliento fresco, dientes bien cuidados y desodorante). No tengas miedo de ir con alguien que te pueda ayudar a tener una presentación física nueva, si lo consideras necesario. Alguien más objetiva posiblemente te pueda ayudar mucho. Sé abierta a las sugerencias y al cambio (hombres, esto es para ustedes también).

No tengas miedo de pedir "opiniones" a otros. Con frecuencia nos encerramos en nuestra manera de vernos a nosotros mismos que es bastante diferente de cómo otros nos ven. Procura pedirles a amistades en quienes confías que te den una evaluación, y explícales que quieres una evaluación HONESTA y franca.

Ah, y a propósito, no permitas que los comentarios negativos creen rechazo en ti. Recuerda que eres favorecido. ¡Eres asombroso! Lo que te dicen te va a ayudar. Posiblemente no estés de acuerdo con todo lo que te digan, pero vale repasar. Humildemente recibe lo que te dicen... ¡fieles son las heridas de un amigo!

Capítulo Cuatro

Principios para Crecer en Favor

PARTE DOS

Recibes lo que esperas

¡Piensa en el favor! ¡Espera el favor! ¡Busca el favor!

Principio Seis:

Espera recibir favor

Si esperas oposición lo más probable es que lo recibirás. Por lo general recibes lo que estás esperando. ¡Piensa en el favor! ¡Espera favor! ¡Busca favor!

Yo creo en la intencionalidad. Espera intencionalmente el favor.

Antes de partir en un vuelo, creo una expectación para el favor. Me emociono ante la posibilidad de que me den mejor asiento en una clase mejor, una oportunidad para testificar, o algunas revelaciones del Señor durante el vuelo. Hay algo tan poderoso acerca de tener una expectativa optimista de que algo bueno suceda.

No estoy diciendo que cada vez que voy al aeropuerto con una expectativa de que me den un mejor asiento en primera clase (sin pagar extra) me lo den. Pero la expectativa optimista provee una dimensión de cosas buenas —si no es un asiento mejor es otra cosa. Siempre estoy buscando con expectativa obtener favor.

Serás probado en cuanto a tu actitud cuando tus expectativas te fallan también. He encontrado que un corazón de agradecimiento en vez de siempre quejarse, siempre proveerá avance. A veces los niños, cuando no reciben lo que esperaban, se ponen de mal humor y lloran por lo que no pudieron hacer o tener cuando lo esperaban. Nosotros no hemos de responder de esa manera – hemos de ser maduros.

Permanece agradecido, feliz y expectante, aun cuando algo no resultó como deseabas. Cuando cultivas expectativa en tu vida, cosas que ni siquiera habías creído te llegan en los momentos más sorprendentes.

Constantemente crea expectativa y busca hasta las más pequeñas victorias – y luego celébralas. Cuando el favor llega, aun en medida menor, declara, "¡Ese es el favor de Dios!" y luego ... sigue buscando más.

Antes de salir a evangelizar en la calle, me gusta orar por favor e invitar a la expectativa a llenar mi corazón. Después de prepararme, espero favor en las calles. Si no tienes el favor de Dios cuando sales para alcanzar a los perdidos, ellos no escucharán el evangelio. Necesitas favor. Espéralo. Si vas a una entrevista para un empleo, o aun si vas a algo tan básico como salir a comprar la despensa, crea en ti una expectación de tener favor.

Principio Siete

Siembra Favor

La ley de sembrar y cosechar es una ley espiritual creada por Dios que funciona para todas las personas en todos los tiempos. Por ejemplo, la ley de gravedad funciona para todos, seas o no cristiano. Si tiras una pelota al aire, bajará. Dios creó la ley de la gravedad, ¡y funciona! La ley de sembrar y cosechar funciona igual. Sí, funciona ... para todas las personas en todo tiempo.

He aprendido en mi experiencia de aplicar esta ley espiritual que cuando siembro favor, lo cosecho. Si deseas crecer en favor divino en tu vida, entonces busca a personas en quienes sembrar favor. Un granjero que quiere una cosecha de frijoles sembrará frijoles en proporción a cuántos frijoles quiere que su campo le dé cuando sea tiempo de cosecha. Génesis 8:22 dice, "Mientras la tierra permanezca, no cesarán la sementera y la siega".

¿Cómo se puede sembrar favor en la vida de alguien? Hay muchas maneras en que lo puedes hacer. Aun un sencillo cumplido por la manera en que alguien ministró, oró, o aun se vistió es sembrar una semilla de favor. Escribir una nota de aliento para afirmar a una persona es una semilla. Dar a alguien un regalo es favorecerles. Ofrecer una oportunidad a un individuo es favorecerles.

Practica sembrar semillas de favor intencionalmente, y luego con la misma intención llama que venga un retorno del favor de acuerdo con la ley de incremento de Dios. Siempre cosechas más de lo que siembras, así que ten cuidado con lo que estás sembrando.

Una expresión de favor puede cambiar la vida de alguien para siempre. Porque entiendes lo que es el favor divino, puedes sembrar el favor de Dios en otros de manera generosa y ver cómo sus vidas son transformadas.

¡Esta es una manera asombrosa de vivir! Y entre más favor recibes, más tienes para dar.

Gálatas 6:7

No os engañéis; Dios no puede ser burlado: pues todo lo que el hombre sembrare, eso también segará.

2 Corintios 9:6

El que siembra escasamente, también segará escasamente; y el que siembra generosamente, generosamente también segará.

.

Una Activación

Activa la ley de la siembra y cosecha por medio de intencionalmente bendecir a otros con favor. Posiblemente hagas una lista de las personas en quienes quisieras sembrar favor y piensa en algunas maneras creativas en que lo puedas hacer (llamada por teléfono, texto, saludo verbal, tarjeta, regalo, donativo, etc.).

Luego cree que vas cosechar favor como un resultado de lo que has sembrado. Posiblemente no venga por parte de aquellos en quienes has sembrado, pero tu semilla producirá una cosecha de favor en tu vida. Búscala.

> **Para crecer en favor divino,**
> siembra generosamente en las vidas de otros
> y observa las transformaciones.

> **Principio Ocho:**
>
> **Vence la oposición y el ataque**

Todos enfrentamos desafíos en la vida. Desafíos, resistencia, de hecho te promoverán a tu próximo nivel de éxito y favor si los abrazas y los usas como peldaños en vez de usarlos como piedras de tropiezo. Tu perspectiva lo es todo.

No eres víctima. Eres un victorioso, y al final de cada circunstancia difícil, tendrás el potencial de experimentar nuevos niveles de favor que te esperan.

Cuando experimentas oposición, rechazo y maltrato de otros:

- "Humillaos, pues, bajo la poderosa mano de Dios, para que él os exalte cuando fuere tiempo" (1 Pedro 5:6).

- Examina a la oposición y aprende de ella. Sé abierto a ver las cosas en tu vida que necesitan ajuste.

- Entresaca lo precioso de lo vil ... retén lo bueno" (Jeremías 15:19; 1 Tesalonicenses 5:21).

- Perdona a quienes te han lastimado (lee Mateo 6:14).

- "Bendecid a los que os maldicen, y orad por los que os calumnian" (Lucas 6:28).

- Espera la vindicación del Señor. No te pongas a la defensiva. "Cuando la vida de alguien agrada al Señor, hasta sus enemigos están en paz con él." (Proverbios 16:7).

- Párate firme en las promesas del Señor y decreta Su favor sobre tu vida (lee Efesios 1:3).

- Resiste las mentiras del diablo y usa tu autoridad en Cristo para atarlo (lee Mateo 16:19).

- Ama, ama, ama (lee 1 Corintios 13).

El Señor ha llamado a este ministerio a posicionarse en la línea de enfrente. Como pionera, con frecuencia se me invita a profetizar y modelar cosas que inicialmente reciben la oposición del cuerpo de Cristo. Durante estos tiempos, posiblemente un observador pregunte dónde está el favor divino. Algo de la oposición ha sido feroz, sin ni siquiera una pista de favor manifestada durante esas temporadas. Cuando nos humillamos, perdonamos, amamos, y somos enseñables, nuestros niveles de favor se incrementan después de la temporada de oposición. Yo he visto esto una y otra vez.

Todos enfrentan temporadas de resistencia y oposición en tiempos cuando están tratando de hacer todo bien, pero cuando te humillas y confías en el favor de Dios en medio de ello, saldrás más de lo que pudieras pedir o pensar. Jesús fue el Campeón para modelar esto para nosotros. Fue cruelmente rechazado y despreciado por las personas a quienes vino a salvar, más por toda la eternidad ha sido levantado en alto. ¡Él es grandemente favorecido para siempre!

> **DIOS ESTÁ LOCAMENTE ENAMORADO DE TI.**
>
> ACÉRCATE A ÉL Y RECIBE INTENCIONALMENTE
>
> SU FAVOR POR MEDIO DE LA FE.

Principio Nueve:
Acércate a Dios

Dios no está lejos y nos ha invitado a tener una relación íntima y cercana con Él. Hebreos 4:16 nos exhorta: " Acerquémonos, pues, confiadamente al trono de la gracia, para alcanzar misericordia y hallar gracia para el oportuno socorro."

Recuerda que la gracia es el favor no merecido de Dios hacia ti. El favor es tu derecho y una bendición como un hijo de Dios. Él te anima a través de la Palabra a confiadamente acercarte al trono de la gracia (favor) para obtener misericordia y recibir gracia (favor).

Tu favor viene de Dios. Acércate a él e intencionalmente recibe favor por medio de la fe. Recibe todo lo que quieras. Él está locamente enamorado de ti y te quiere revelar Su favor.

Santiago 4:7,8

Resistid al diablo, y huirá de vosotros. Acercaos a Dios, y él se acercará a vosotros.

Dios está lleno de amor y aceptación por ti. Pero el diablo te odia hasta lo sumo y quiere que constantemente sufras rechazo y fracaso; él te quiere conformar a su imagen – el máximo fracaso y el rechazado por toda la eternidad.

El secreto para vencer el rechazo es acercarse a Dios. La presencia de Dios es un lugar donde el diablo no puede estar, y cuando te sumerges en la fragancia de Su amor, aceptación y favor divino por ti, la fragancia te satura por completo. Lo único que necesitas es estar en Su presencia.

Permanece en Su presencia y el diablo huirá. ¡Así de fácil!

> **La presencia de Dios**
> es un lugar donde el diablo no puede estar.
> Sumérgete en la fragancia del amor, la aceptación y el favor de Dios.

Principio 10:
Enfócate en el bien y la bondad de Dios

Dios siempre es bueno! Él no está preocupado de nada. No es negativo ni está estresado. Es gozoso y siempre te quiere bendecir y favorecer.

Todos buscan la esperanza, pero muchas veces hace falta. En su lugar, prevalecen el negativismo y el pesimismo ¡aun en la iglesia! Sin embargo, el favor está sobre las personas optimistas. ¿Por qué? Porque Dios es optimista. Él siempre ve lo bueno porque Él es bueno.

Romanos 8:28:
Y sabemos que a los que aman a Dios, todas las cosas les ayudan a bien, esto es, a los que conforme a su propósito son llamados.

Aquello en lo que te enfocas es a lo que le das poder. Cuando te enfocas en el bien y la bondad de Dios, crecerás en favor con él y con el hombre.

Dios estaba muy complacido cuando Abraham creyó en Su bien y bondad, y no dudó de Él. Como resultado, Abraham fue favorecido – y frecuentemente el Nuevo Testamento se refiere a él. Por otro lado, Dios quedó entristecido por la falta de confianza y fe del pueblo de Israel en Su bien y bondad, y como resultado, no entraron a su tierra prometida.

Tu enfoque en Su bien y bondad crearán una dimensión de favor en derredor de tu vida que te seguirá todos tus días.

El Favor Es tu Porción

Eres verdaderamente amado y favorecido por Dios. Él desea que crezcas en favor y que disfrutes de todos los beneficios del favor por toda tu vida y la eternidad.

Medita en los principios enseñados en este libro y pon en acción aquellas cosas que has aprendido. Traerán grandes resultados para ti.

No escuches las mentiras del diablo de rechazo, condenación y acusación – a él le encantaría que te conformes a su imagen, pero solo él es el rechazado y condenado.

Eres altamente favorecido. ¡Eso es verdad! Resiste las mentiras del enemigo y aférrate a la verdad todos los días de tu vida.

Estoy emocionada por ti, mi amigo. El regalo divino del favor de Dios te otorgará bendiciones maravillosas en tu vida.

FAVOR

(del libro *Decreta*)

En Cristo Jesús, soy favorecido por mi Padre celestial. El favor que Él le ha dado a Su Hijo me ha sido dado. Es favor inmerecido que me es concedido en Cristo. Su favor es un regalo gratuito por el cual estoy muy agradecido. Así como Jesús seguía creciendo en sabiduría y estatura y en favor para con Dios y para con los los hombres, yo también, porque permanezco en Jesús y Él pertenece en mí.

Abrazo el favor de Dios, porque es mejor que la plata y el oro. El favor de Dios sobre mi vida dura para toda la vida, y causa que mi montaña de influencia y bendición se mantenga firme. Su favor me rodea como un escudo en contra de mis enemigos.

El Señor me favorece con vindicación y se deleita en mi prosperidad. Su bendición sobre mi vida atrae a los ricos entre las personas que buscan mi favor.

Por el favor del Señor, las obras de mis manos son confirmadas y establecidas. Todo lo que pongo mis manos a hacer es favorecido. Mis pasos son bañados en crema y la rocas me derraman aceite de oliva.

Al buscar yo el favor del Señor, Él me da gracia de acuerdo con Su Palabra. Tengo favor en mi casa y en mi lugar de trabajo. Tengo favor dondequiera que voy y en todo lo que hago.

Amo la sabiduría y busco diligentemente la sabiduría y el entendimiento. Por lo tanto el Señor me ha concedido favor y soy favorecido por otros.

En el resplandor del rostro de mi Rey está la vida, y Su favor es como una nube con lluvia de primavera sobre mí. Su favor es como rocío celestial que cae sobre mi vida.

Tengo favor en Su presencia y Él va delante de mí, revelándome Su bondad y Su gloria. Su favor me abre puertas de oportunidad que ningún hombre puede cerrar. Por Su favor me han sido dadas las llaves del Reino y todo lo que ato en la tierra es atado en el cielo. Y todo lo que desato en la tierra es desatado en el cielo. Él me extiende Su cetro de justicia y de favor.

Todo lo que pido en el nombre de Cristo, Él me concede cuando hago mis peticiones y rogativas de acuerdo con Su voluntad. Cada día Él me concede gran favor a causa del pacto de la sangre de Cristo y las promesas de Su Palabra. ¡Bendito sea el Señor que favorece a Su pueblo!

Referencias bíblicas:

Juan 15:7; 17:22; Lucas 2:52; Proverbios 8:35; 11:27; 16:15; 19:12; 22:1; Salmo 5:12; 30:5, 7; 45:6, 12; 90:17; 119:58; Job 29:6; Éxodo 33:13-19; Isaías 45:1; Ester 5:2

Evaluación por parte de una amistad acerca de la "primera impresión" que doy

Querida Amistad,

Favor de contestar el siguiente cuestionario con toda honestidad. No temas dar tu verdadera opinión.

1. **Apariencia exterior** (pon una marca donde corresponda)

    ___ Bien aseado y arreglado

    ___ Corte y peinado bien hecho y actualizado

    ___ Ropa y accesorios atractivos y de moda

    ___ Zapatos atractivos y de moda

    ___ Cara arreglada; cejas bien formadas, maquillaje bien aplicado (damas) cara rasurada o barba bien formada (hombres)

    ___ Peso sano

    ___ Aliento fresco

    ___ Sin olores indeseables

    ___ Dientes bien cuidados y blancos

Comparte honestamente observaciones, sugerencias o explicaciones que puedan ayudar a tu amigo(a) a mejorar su presentación física.

_____

_____

_____

_____

_____

_____

_____

2. Semblante (pon una marca donde corresponde)

___ Optimista   ___ Ojos vivaces

___ Serio   ___ Tímido

___ Deprimido   ___ Amigable

___ Aburrido   ___ Alegre

___ Insignificante

Comparte honestamente observaciones, sugerencias o explicaciones que puedan ayudar a tu amigo(a) a darse cuenta de cómo los demás ven su semblante. (Siguiente página)

_____
_____
_____
_____
_____
_____
_____

3. Primera impresión de su personalidad

___ Seguro   ___ Carismático

___ Alegre/Optimista   ___ Tímido

___ Confiado   ___ Inseguro

___ Agresivo   ___ Sincero

___ Interesado en Otros ___ Amoroso

___ Autoenfocado   ___ Amigable

___ Audaz   ___ Acercable

___ Femenina   ___ Temible

___ Masculino   ___ Interesante

___ Distraído

Comparte honestamente observaciones, sugerencias o explicaciones que puedan ayudar a tu amigo(a) a entender la primera impresión que da a otros.

_____
_____
_____
_____
_____
_____
_____
_____
_____
_____
_____
_____
_____
_____
_____
_____
_____
_____

ACERCA DE PATRICIA KING

Patricia King es una ministra del evangelio altamente respetada a nivel internacional. Ha servido fielmente al Señor por más de treinta años en diferentes capacidades, como conferencista, profeta, pastora, autora, maestra, y anfitriona de programas de televisión. Ella es fundadora de Patricia King Ministries, Women in Ministries Network – una red que celebra a las mujeres que sirven en cualquier área de ministerio dentro de las siete montañas (esferas) de influencia – y es co-fundadora de XPmedia.com – un sitio de internet que ofrece gran diversidad de videos con mensajes, enseñanzas, palabras proféticas, etc. por parte de ministros y otras voces reconocidas con alcance mundial. Además, ha escrito muchos libros, producido CDs y DVDs, y es anfitriona del programa de televisión "Patricia King— Supernatural Life" (Patricia King—Vida Sobrenatural).

Conexiones:

Sitio web Patricia King: PatriciaKing.com

Facebook: Facebook.com/PatriciaKingPage

Patricia King Institute: PatriciaKingInstitute.com

Women on the Frontlines y Women in Ministry Network: Woflglobal.com

Programa de televisión Patricia King – Vida Sobrenatural ymuchos otros videos

Libros de Patricia King en Español

Desenmascarada: La Hechicería en la Iglesia
Una Alerta Profética
Descubre las estrategias del enemigo para atacar a la iglesia. Sobre todo, aprende de la autoridad y el poder que Dios nos ha dado sobre las obras del enemigo y las armas poderosas que nos ha dado para vencerlo.

Bendecido para Bendecir
Activa la Unción Divina de Benefactor en Tu Vida
Principios sólidos para experimentar bendición en tu propia vida en mayor medida y luego apropiarte de tu llamado a ser benefactor para bendecir a otros.

La Esposa Se Prepara
Preparándonos para el Regreso del Señor
Nuestro Padre Celestial ha escogido a una esposa muy especial para Su Hijo amado – ¡tú! Descubre cómo prepararte.

Crece en Favor Divino
¡Toma un Giro hacia el Éxito y la Bendición!
Enseñanza poderosa en cuanto a cómo puedes caminar en la plenitud del favor que Dios quiere para ti.

Crea Tu Mundo
Activa el poder que Dios ha dado para crear esferas y atmósferas.
Descubre los 12 poderes que Dios te ha dado para crear un mundo asombroso para ti –lleno de propósito, bendición y satisfacción.

Libros de Patricia King en Español

Decreta – *una cosa y será establecida.* Decretos basados en la Biblia sobre favor, salud, prosperidad, victoria, ministerio, sabiduría, familia, y muchos más.

7 Decretos para 7 Días
Decretos diarios en las áreas de Dios, sabiduría, bendición, favor, protección, salud, y provisión financiera

Desarrolla Tus Cinco Sentidos Espirituales – Ve, escucha, huele, saborea y siente el mundo invisible en tu derredor

La Unción de Reabastecimiento
Revelación y claves para vivir en aumento sobrenatural

La Buena Vida – Claves para vivir la vida plena, próspera, y llena de propósito para la cual fuiste creado.

Sueñe en Grande
Cómo la segunda mitad de la vida puede ser la mejor

La Revolución Espiritual
Visitaciones angelicales, sueños proféticos, visiones y milagros

La Luz Pertenece a las Tinieblas
Encuentre su lugar en la cosecha divina en el final de los tiempos

Adquiérelos en Amazon.com

Mayoreo: resourcemanager@patriciaking.com

Consiga este y todos los libros en español
de Patricia King en:
Amazon.com
Sus libros en inglés se encuentran en
Amazon.com y Patriciaking.com

Este libro es publicación de
Patricia King Enterprises (PKE)

Patricia King Enterprises

www.ingramcontent.com/pod-product-compliance
Lightning Source LLC
Chambersburg PA
CBHW032148040426
42449CB00005B/444